Impressum
Verlag: BABADADA GmbH, Nedderfeld 112 , 22529 Hamburg
Geschäftsführer / Verlagsleitung: Harald Hof
Druck: Books on Demand GmbH, In de Tarpen 42, 22848 Norderstedt

Imprint
Publisher: BABADADA GmbH, Nedderfeld 112 , 22529 Hamburg, Germany
Managing Director / Publishing direction: Harald Hof
Print: Books on Demand GmbH, In de Tarpen 42, 22848 Norderstedt

դպրոց
school

մատյան
classroom
բաժանել
divide
186/2
գրատախտա
կ
board
ուսուցիչ
teacher
խաղադաշտ
թուղթ
paper
գրել
write
գրիչ
pen
գրասեղան
desk
քանոն
ruler
գիրք
book
աշակերտ
pupil

պայուսակ

satchel

գրչատուփ

pencil case

մատիտ

pencil

մատիտի սրիչ

pencil sharpener

ռետին

rubber

նկարչական ալբոմ

drawing pad

Նկարչություն

drawing

վրձին

paintbrush

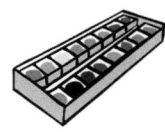

Ներկերի տուփ

paint box

մկրատ

scissors

սոսինձ

glue

տետր

exercise book

Տնային աշխատանք

homework

12

թիվ

number

2+2

գումարել

add

5-2

հանել

subtract

2×2

բազմապատկել

multiply

հաշվել

calculate

A

տառ

letter

ABCDEFG
HIJKLMN
OPQRSTU
VWXYZ

այբուբեն

alphabet

hello

բառ

word

տեքստ

text

կարդալ

read

կավիճ

chalk

դաս

lesson

մատյան

register

քննություն

exam

վկայական

certificate

դպրոցական համազգեստ

school uniform

կրթություն

education

հանրագիտարան

encyclopedia

համալսարան

university

մանրադիտակ

microscope

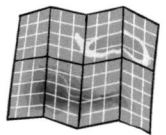

քարտեզ

map

աղբարկղ

waste-paper basket

ճանապարհորդություն

travel

հյուրանոց
hotel
հանրակացարա
ն
hostel
փոխանակման կետ
bureau de change
CHANGE
ճամպրուկ
suitcase
ավտոմեքենա
car

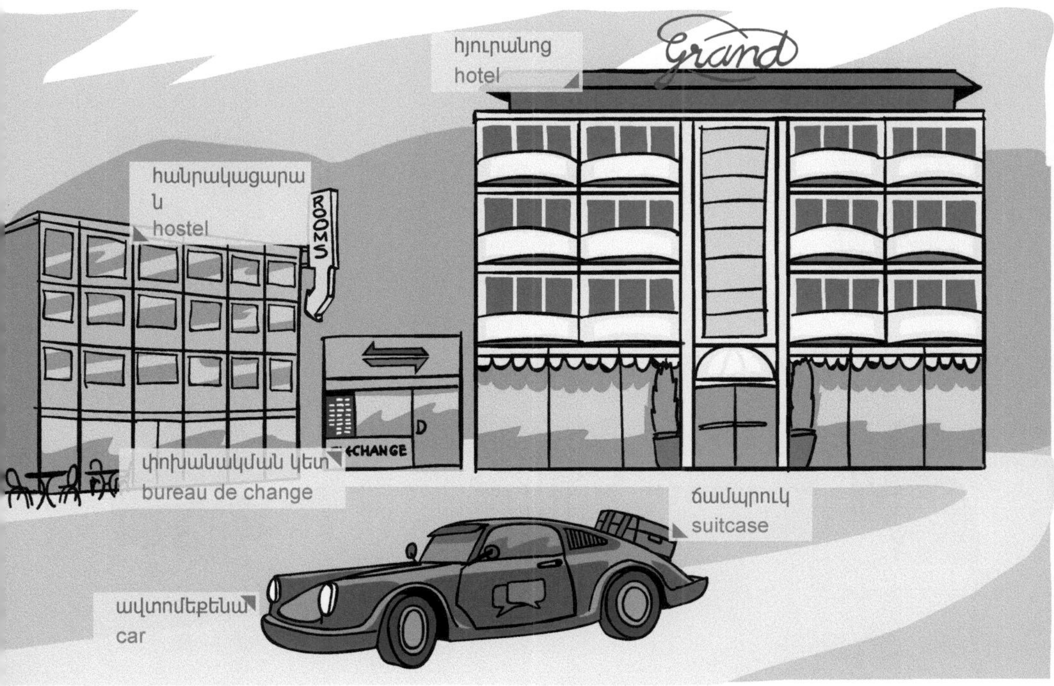

լեզու

language

այո / ոչ

yes / no

Լավ

Okay

ողջույն

hello

թարգմանիչ

translator

Շնորհակալություն

Thank you

Որքան է ...?

....

how much is…?

Ես չեմ հասկանում

....

I do not understand

խնդիր

....

problem

Բարի երեկո

....

Good evening!

Բարի լույս

....

Good morning!

Բարի երեկո

....

Good night!

ցտեսություն

....

bye bye

ուղղություն

....

direction

ուղղեբեռ

....

luggage

պայուսակ

....

bag

մեջքի պայուսակ

....

backpack

հյուր

....

guest

սենյակ

....

room

քնապարկ

....

sleeping bag

վրան

....

tent

Զբոսաշրջության տեղեկատվական

tourist information

լողափ

beach

ԿՐԵԴԻՏ քարտ

credit card

նախաճաշ

breakfast

լանչ

lunch

ճաշ

dinner

տոմս

ticket

վերելակ

lift

կնիք

stamp

սահման

border

մաքսային

customs

դեսպանություն

embassy

մուտքի արտոնագիր

visa

անձնագիր

passport

Փոխադրամիջոցներ

transport

նավ
ship
ինքնաթիռ
aeroplane
հրշեջ մեքենա
fire engine
ավտոբուս
bus
բեռնատար մեքենա
truck
մոտորանավակ
motorboat
ավտոմեքենա
car
հեծանիվ
bike

լաստանավ

ferry

նավակ

boat

մոտոցիկլ

motorbike

ոստիկանության մեքենա

police car

մրցարշավային մեքենա

racing car

վարձակալվող մեքենա

rental car

մեքենայի վարձակալում

car sharing

Էվակուատոր

breakdown truck

աղբահանության մեքենա

refuse truck

շարժիչ

motor

վառելիք

fuel

բենզալցակայան

petrol station

երթևեկության նշան

traffic sign

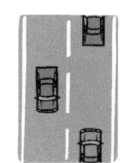

երթևեկություն

traffic

խցանում

traffic jam

ավտոկանգառ

car park

երկաթուղային կայարան

train station

երկաթուղագիծ

tracks

գնացք

train

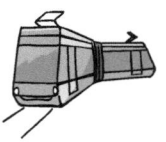

տրամվայ

tram

վագոն

carriage

ուղղաթիռ

helicopter

օդանավակայան

airport

աշտարակ

tower

ուղեւոր

passenger

աման

container

խավաքարտ

carton

սայլ

cart

զամբյուղ

basket

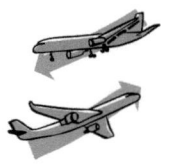

հանեք / հողատարածք

take off / land

քաղաք
city

գյուղ

village

քաղաքի կենտրոնում

city centre

տուն

house

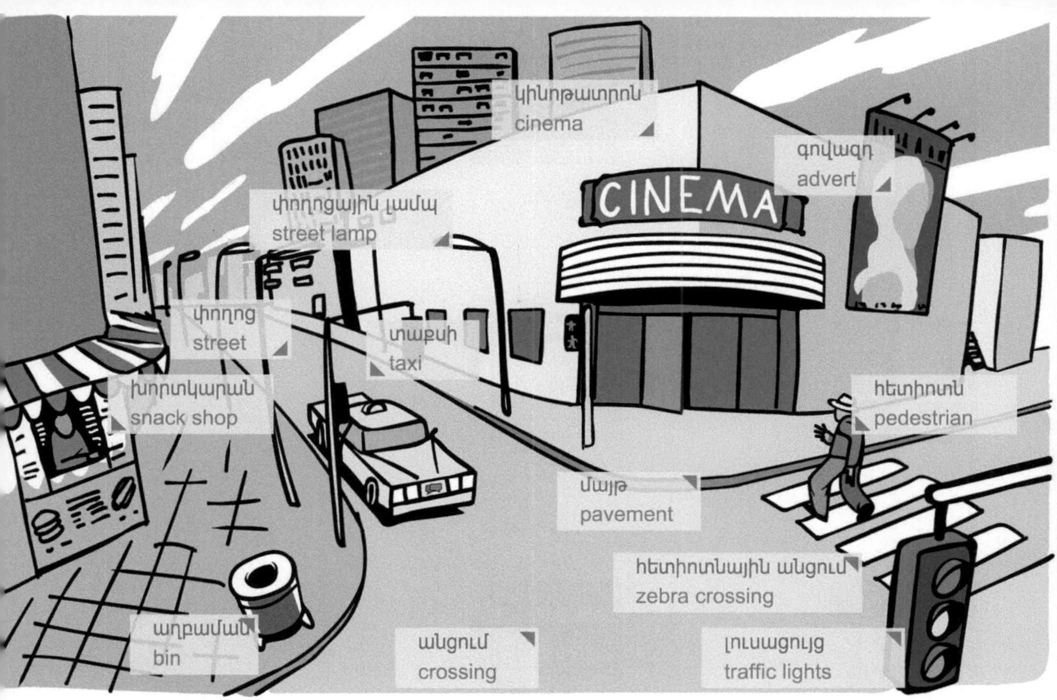
CINEMA
կինոթատրոն
cinema
գովազդ
advert
փողոցային լամպ
street lamp
փողոց
street
տաքսի
taxi
խորտկարան
snack shop
հետիոտն
pedestrian
մայթ
pavement
հետիոտնային անցում
zebra crossing
աղբաման
bin
անցում
crossing
լուսացույց
traffic lights

խրճիթ

hut

բնակարան

flat

երկաթուղային կայարան

train station

քաղաքապետարան

town hall

MUSEUM

թանգարան

museum

դպրոց

school

համալսարան

university

բանկ

bank

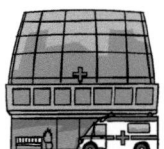

հիվանդանոց

hospital

հյուրանոց

hotel

դեղատուն

pharmacy

գրասենյակ

office

գրքույկ խանութ

book shop

խանութ

shop

ծաղկի խանութ

florist's

սուպերմարկետ

supermarket

շուկա

market

հանրախանութ

department store

ձկան խանութ

fishmonger's

առևտրի կենտրոն

shopping centre

նավահանգիստ

harbour

զբոսայգի
park

բանկերը
bench

կամուրջ
bridge

աստիճաններ
stairs

մետրո
underground

թունել
tunnel

ավտոբուսի կանգառ
bus stop

բար
bar

ռեստորան
restaurant

փոստարկղ
postbox

փողոցային նշան
street sign

ավտոկայանման հաշվիչ
parking meter

կենդանաբանական այգի
zoo

լողավազան
swimming pool

մզկիթ
mosque

ֆերմա

farm

աղտոտման

pollution

գերեզմանոց

graveyard

եկեղեցի

church

խաղահրապարակ

playground

տաճար

temple

բնապատկեր

landscape

leaf
ուղղության նշան
signpost
ճանապարհ
way
մարգագետին
meadow
քար
stone
ծառ
tree
արշավականներ
hiker
գետ
river
խոտ
grass
ծաղիկ
flower

հովիտ
valley

բլուր
hill

լիճ
lake

անտառ
forest

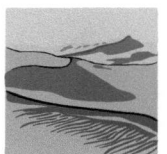

անապատ
desert

հրաբուխ
volcano

ամրոց
castle

ծիածան
rainbow

սունկ
mushroom

արմավենու ծառ
palm tree

մժեղ
mosquito

թռչել
fly

մրջյուն
ant

մեղու
bee

սարդ
spider

բզեզ

beetle

գորտ

frog

սկյուռ

squirrel

ոզնի

hedgehog

նապաստակ

hare

բու

owl

թռչուն

bird

կարապ

swan

վարազ

boar

եղջերու

deer

իշայծյամ

moose

պատնեշ

dam

քամին տուրբինների

wind turbine

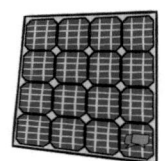

արևային վահանակ

solar panel

կլիմա

climate

մատուցող
waiter
մենյու
menu
աթոռ
chair
ապուր
soup
պիցցա
pizza
cutlery
սփռոց
tablecloth

ստարտեր

starter

հիմնական կերակուր

main course

դեսերտ

dessert

օրական

drinks

սնունդ

food

շիշ

bottle

արագ սնունդ

fast food

streetfood

street food

թեյնիկ

teapot

շաքարաման

sugar bowl

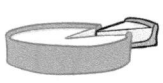

բաժին

portion

էսպրեսսո մեքենա

espresso machine

մանկական աթոռ

high chair

օրինագիծ

bill

սկուտեղ

tray

դանակ

knife

պատառաքաղ

fork

գդալ

spoon

թեյի գդալ

teaspoon

անձեռոցիկ

serviette

ապակի

glass

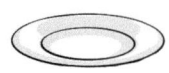

ափսե
....
plate

խոր ափսե
....
soup plate

պնակ
....
saucer

սոուս
....
sauce

աղաման
....
salt pot

պղպեղի աղաց
....
pepper mill

քացախ
....
vinegar

ձեթ
....
oil

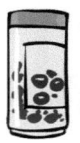 

համեմունքներ
....
spices

կետչուպ
....
ketchup

մանանեխ
....
mustard

մայոնեզ
....
mayonnaise

սուպերմարկետ
supermarket

հատուկ առաջարկ
special offer
FOR
հաճախորդ
customer
Dairy
dairy
միրգ
fruit
գնումների սայլակ
trolley

մսամթերքի խանութ

butcher´s

հացամթերքի խանութ

baker´s

կշռել

weigh

բանջարեղեն

vegetables

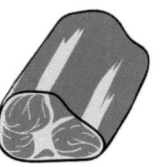

միս

meat

սառեցված սննդամթերքի

frozen food

երշիկեղեն

cold meat

պահածոների

tinned food

լվացքի փոշի

washing powder

քաղցրավենիք

sweets

տնտեսական ապրանքներ

household products

մաքրող միջոցներ

cleaning products

վաճառող

salesperson

դրամարկղ

till

գանձապահ

cashier

գնումների ցուցակ

shopping list

ժամերը

opening hours

դրամապանակ

wallet

ԿՐԵԴԻՏ քարտ

credit card

պայուսակ

bag

պլաստիկ տոպրակ

plastic bag

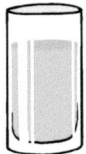

օրական

drinks

ջուր

water

հյութ

juice

կաթ

milk

կոլա

coke

գինի

wine

գարեջուր

beer

սպիրտ

alcohol

կակաո

cocoa

թեյ

tea

սուրճ

coffee

էսպրեսսո

espresso

կապուչինո

cappuccino

բանան

banana

խնձոր

apple

նարնջի

orange

սեխ

melon

կիտրոն

lemon

գազար

carrot

սխտոր

garlic

բամբուկ

bamboo

սոխ

onion

սունկ

mushroom

ընկուզեղեն

nuts

արիշտա

noodles

սպագետտի

spaghetti

բրինձ

rice

աղցան

salad

չիպս

chips

տապակած կարտոֆիլ

fried potatoes

պիցցա

pizza

համբուրգեր

hamburger

սենդվիչ

sandwich

կոտլետ

cutlet

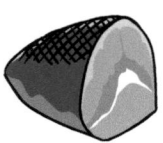

խոզապուխտ

ham

սալյամի

salami

երշիկ

sausage

հավ

chicken

խորոված

roast

ձուկ

fish

վարսակի փաթիլներ

porridge oats

մյուսլի

muesli

եգիպտացորենի փաթիլներ

cornflakes

ալյուր

flour

կրուասան

croissant

բուլկի

bread roll

հաց

bread

տոստ

toast

թխվածքաբլիթներ

biscuits

կարագ

butter

կաթնաշոռ

curd

տորթ

cake

ձու

egg

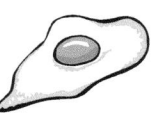

տապակած ձու

fried egg

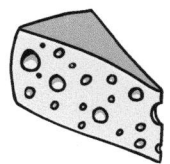

պանիր

cheese

պաղպաղակ

ice cream

շաքար

sugar

մեղր

honey

ջեմ

jam

նուգա սերուցք

chocolate spread

կարրի

curry

ֆերմա
farm

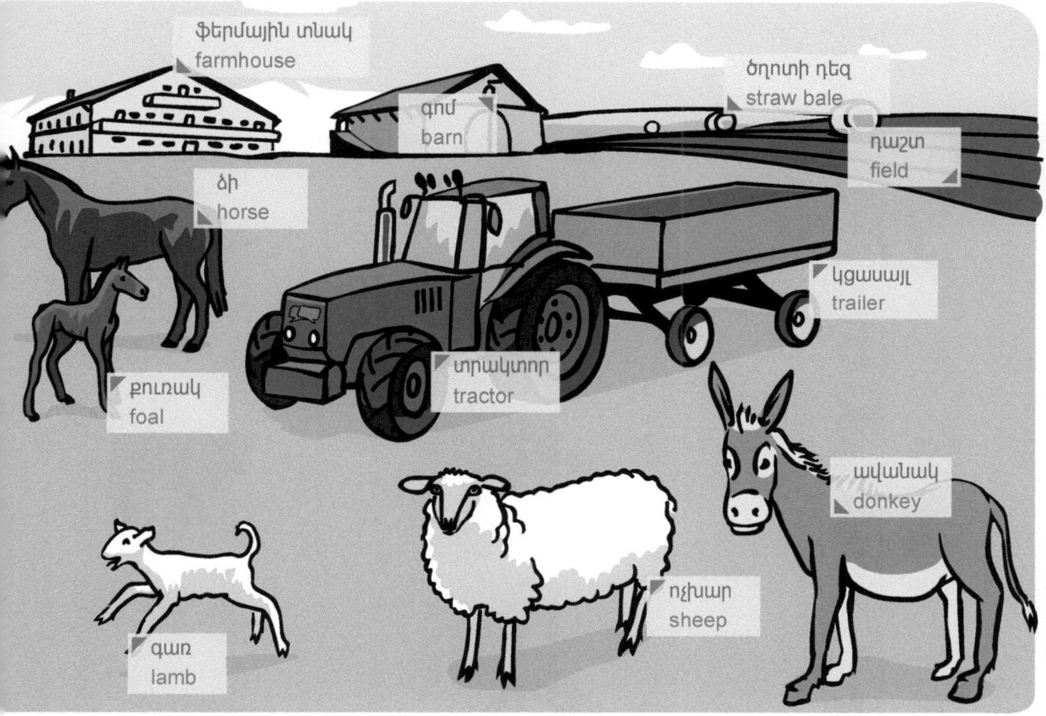

ֆերմային տնակ
farmhouse
ծղոտի դեզ
straw bale
գոմ
barn
դաշտ
field
horse
կցասայլ
trailer
տրակտոր
tractor
քուռակ
foal
ավանակ
donkey
ոչխար
sheep
գառ
lamb

այծ

goat

կով

cow

հորթ

calf

խոզ

pig

խոճկոր

piglet

ցուլ

bull

ֆերմա - farm 27

սագ
goose

բադ
duck

ճուտ
chick

հավ
hen

աքլոր
cock

առնետ
rat

կատու
cat

մուկ
mouse

ցուլ
ox

շուն
dog

շան բուն
doghouse

այգու փողրակ
garden hose

watering կարող է
watering can

գերանդի
scythe

գութան
plough

մանգաղ

sickle

թոխր

hoe

եղան

pitchfork

կացին

axe

միանիվ ձեռնասայլակ

wheelbarrow

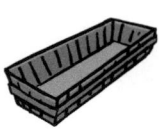

կերակրատաշտ

trough

կաթի բիդոն

milk can

պարկ

sack

ցանկապատ

fence

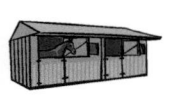

կայուն

stable

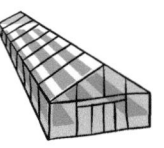

ջերմոց

greenhouse

հող

soil

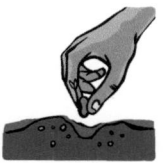

սերմ

seed

պարարտանյութ

fertilizer

բերքահավաք կոմբայն

combine harvester

բերք

harvest

բերք

harvest

յամս

yams

ցորեն

wheat

սոյա

soy

կարտոֆիլ

potato

եգիպտացորեն

corn

rapeseed

rapeseed

մրգային ծառ

fruit tree

manioc

cassava

շիլաներ

cereals

house

ծխնելույզ
chimney
տանիք
roof
ջրհորդան խողովակ
drainpipe
պատուհան
window
ավտոտնակ
garage
դռան զանգ
doorbell
դուռ
door
աղբարկղ
rubbish bin
փոստարկղ
letterbox
պարտեզ
garden

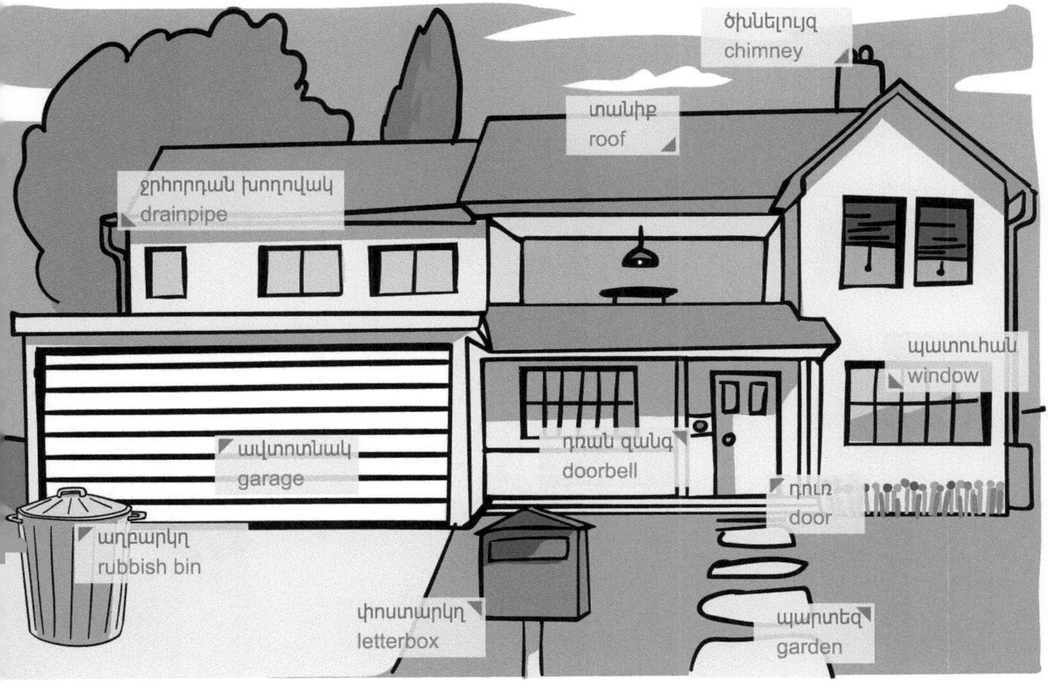

հյուրասենյակ

living room

լողասենյակ

bathroom

խոհանոց

kitchen

ննջարան

bedroom

մանկական սենյակ

child's room

ճաշասենյակ

dining room

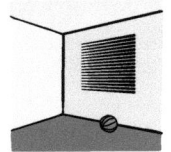

հարկ

floor

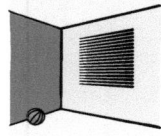

պատ

wall

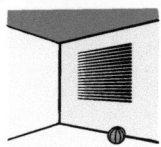

առաստաղ

ceiling

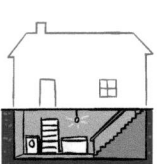

նկուղ

cellar

շոգեբաղնիք

sauna

պատշգամբ

balcony

պատշգամբ

terrace

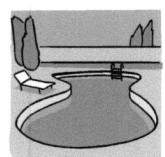

ավազան

pool

խոտհնձիչ

lawn mower

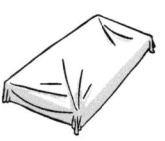

թերթ

sheet

անկողնու ծածկոց

bedspread

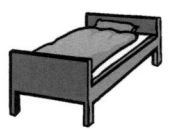

մահճակալ

bed

ավել

broom

դույլ

bucket

անջատիչ

switch

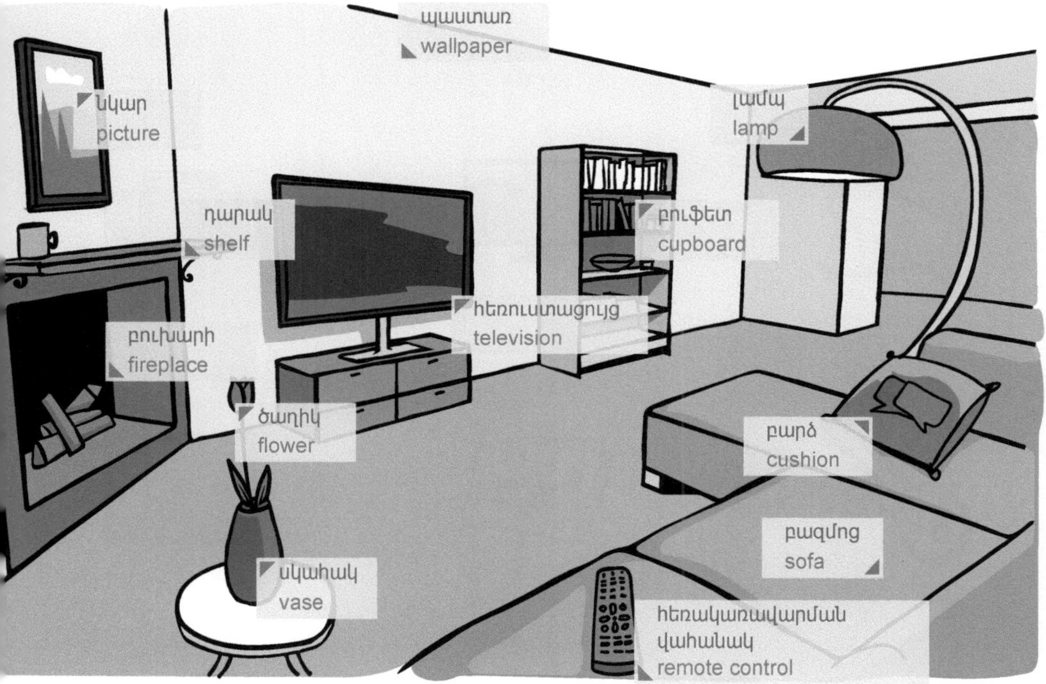

պատատ
wallpaper

նկար
picture

լամպ
lamp

դարակ
shelf

բուֆետ
cupboard

հեռուստացույց
television

բուխարի
fireplace

ծաղիկ
flower

բարձ
cushion

բազմոց
sofa

սկահակ
vase

հեռակառավարման
վահանակ
remote control

գորգ
....
carpet

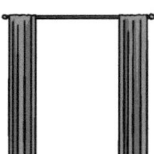

վարագույր
....
curtain

սեղան
....
table

աթոռ
....
chair

ճոճվող բազկաթոռ
....
rocking chair

բազկաթոռ
....
armchair

գիրք
book

վերմակ
blanket

զարդարանք
decoration

վառելափայտ
firewood

Ֆիլմ
film

hi-fi
hi-fi equipment

բանալի
key

թերթ
newspaper

նկար
painting

պլակատ
poster

ռադիո
radio

տետր
notepad

փոշեկուլ
hoover

կակտուս
cactus

մոմ
candle

խոհանոց
kitchen

սառնարանի
fridge
միկրոալիքային վառարան
microwave oven
խոհանոցի կշեռք
տոստեր
toaster
լվացող հեղուկ
detergent
վառարան
oven
սառնարան
freezer
աղբարկղ
rubbish bin
աման լվացող սարք
dishwasher

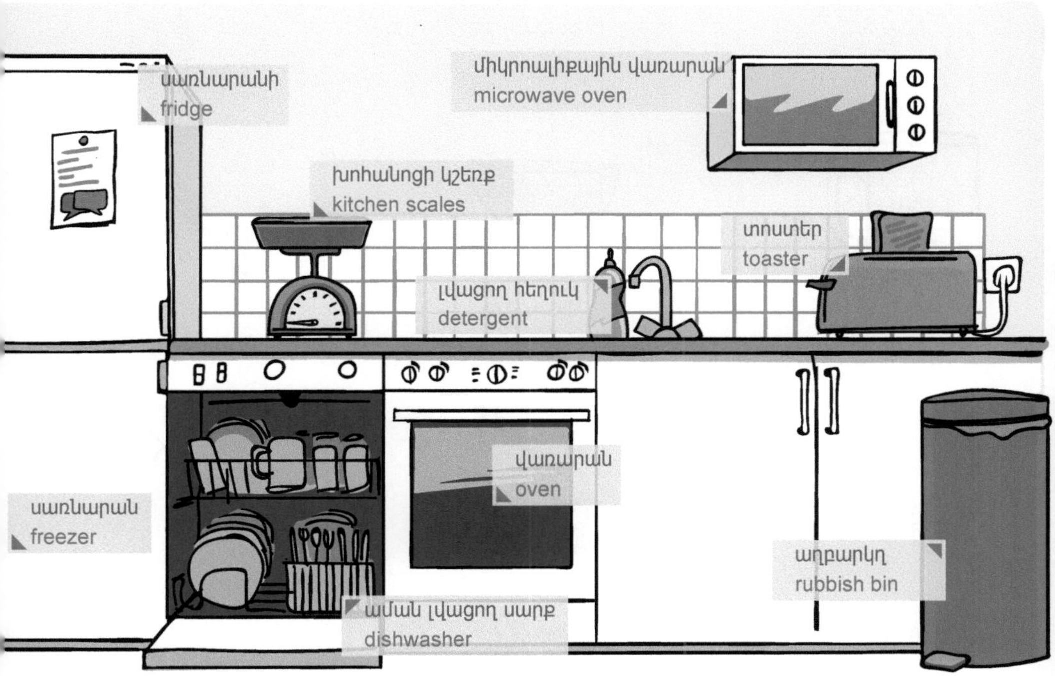

կաթսա
cooker

կճուճ
pot

թուջե աման
cast-iron pot

wok / kadai
wok / kadai

թավա
pan

թեյնիկ
kettle

շոգենավ

steamer

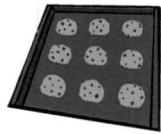

ջեռոցի սկուտեղ

baking tray

ամանեղեն

crockery

բաժակ

mug

խորը աման

bowl

փայտիկներ

chopsticks

շերեփ

ladle

խոհանոցային բահիկ

spatula

հարել

whisk

քամիչ

strainer

մաղ

sieve

քերիչ

grater

հավանգ

mortar

խորոված

barbecue

բաց կրակի

open fire

տախտակ
chopping board

գրտնակ
rolling pin

խցանահան
corkscrew

բանկա
can

բացիչ
can opener

խոհանոցային բռնիչ
pot holder

լվացարան
sink

խոզանակ
brush

սպունգ
sponge

բլենդեր
blender

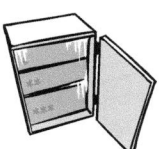

սառնարան
deep freezer

մանկական շիշ
baby bottle

թակել
tap

լողասենյակ

bathroom

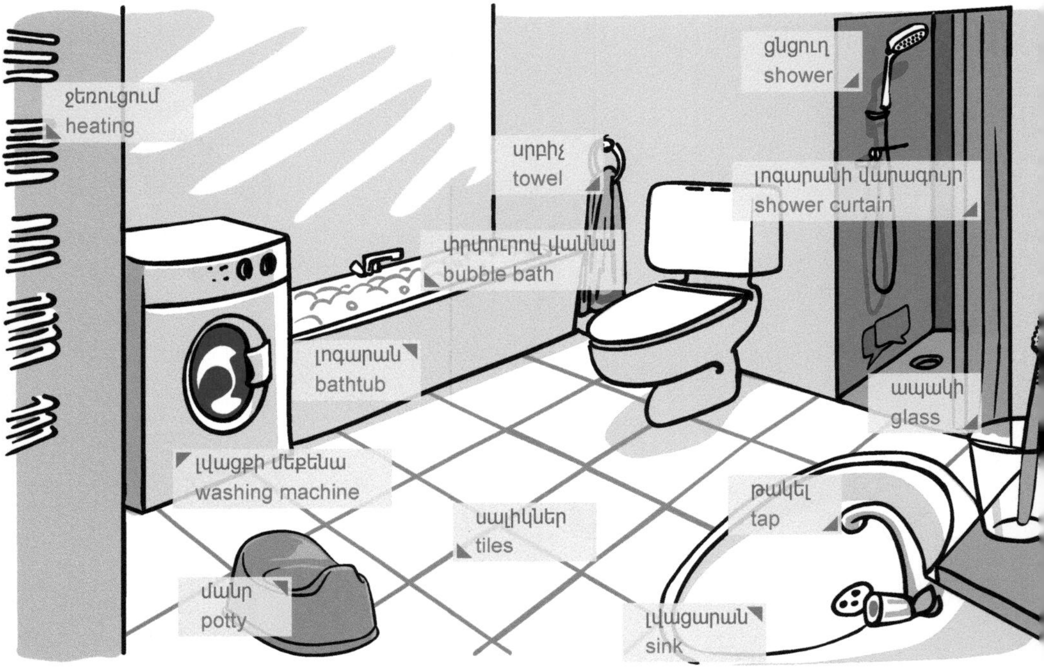

ջեռուցում
heating
ցնցուղ
shower
սրբիչ
towel
լոգարանի վարագույր
shower curtain
փրփուրով վաննա
bubble bath
լոգարան
bathtub
ապակի
glass
լվացքի մեքենա
washing machine
թակել
tap
սալիկներ
tiles
մանր
potty
լվացարան
sink

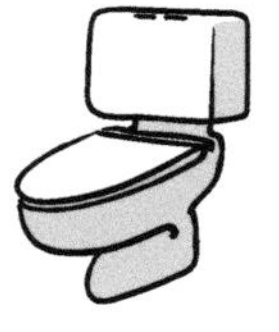

զուգարան

toilet

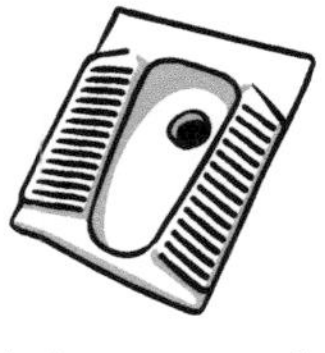

կզելը զուգարան

squat toilet

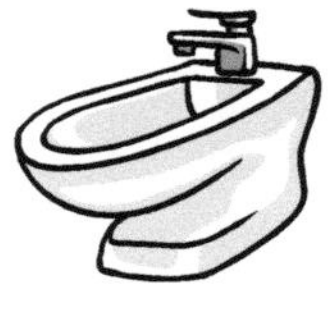

բիդե

bidet

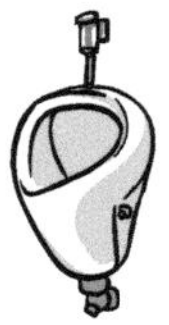

pissoir

urinal

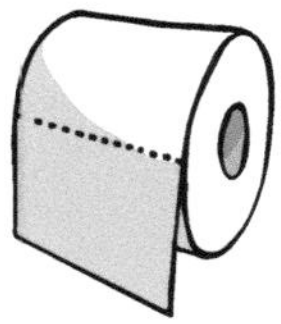

զուգարանի թուղթ

toilet paper

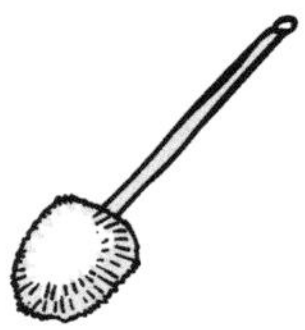

զուգարանի խոզանակ

toilet brush

ատամի խոզանակ

toothbrush

ատամի քսուք

toothpaste

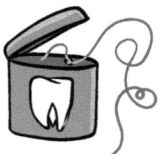

ատամի թել

dental floss

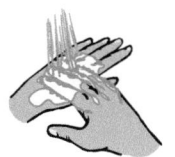

լվանալ

wash

ձեռքի ցնցուղ

handheld shower

ցնցուղ

douche

ավազան

basin

մեջքի խոզանակ

back brush

օճառ

soap

լոգանքի գել

shower gel

շամպուն

shampoo

ճիլոպ

flannel

հատականցք

drain

կրեմ

cream

դեզոդորանտ

deodorant

հայելի

mirror

ձեռքի հայելի

hand mirror

սափրիչ

razor

Սափրվելու փրփուր

shaving foam

սափրվելուց հետո քսվող լոսյոն

aftershave

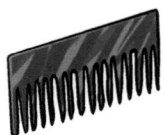

սանր

comb

խոզանակ

brush

մազերի չորացուցիչ

hair dryer

մազի լաք

hairspray

դիմահարդարում

makeup

շրթնաներկ

lipstick

եղունգների լաք

nail varnish

բամբակ

cotton wool

եղունգների մկրատ

nail scissors

օծանելիք

perfume

դիմահարդարման պայուսակ
washbag

աթոռակ
stool

կշեռք
weighing scale

լողանալու խալաթ
bathrobe

ռետինե ձեռնոցներ
rubber gloves

տամպոն
tampon

սանիտարական սրբիչ
sanitary towel

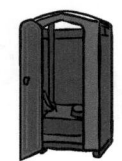

քիմիական զուգարան
chemical toilet

մանկական սենյակ

child's room

զարթուցիչ ժամացույց
alarm clock
փափուկ խաղալիք
cuddly toy
խաղալիք մեքենա
toy car
բլբլալ
rattle
տիկնիկների տնակ
doll's house
present

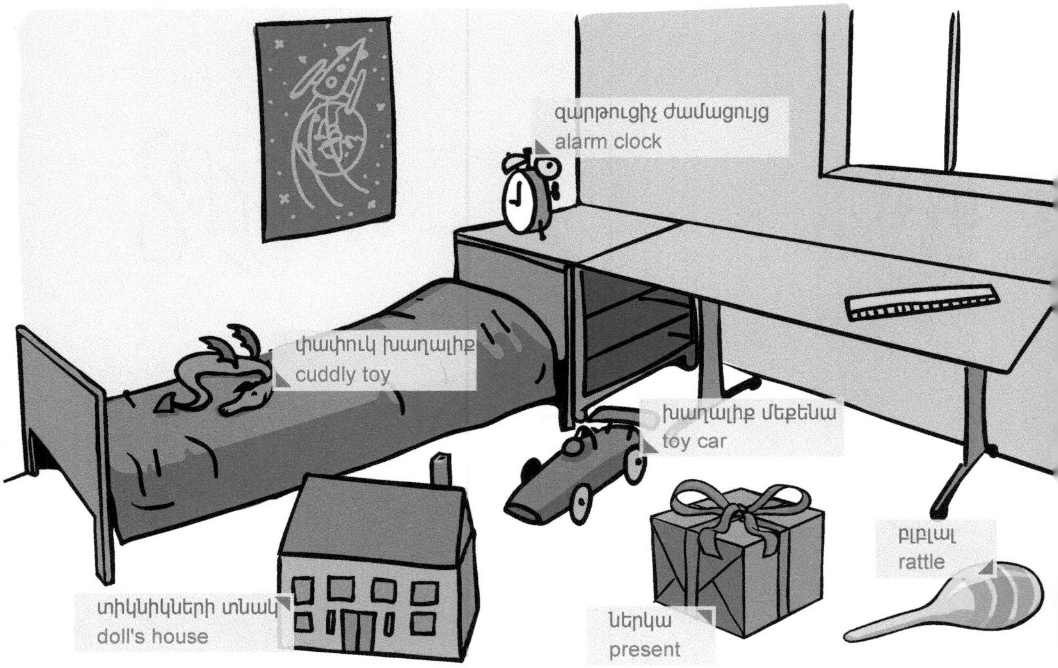

փուչիկ

balloon

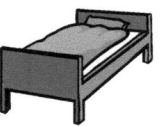

մահճակալ

bed

մանկական սայլակ

pram

խաղաթղթեր

deck of cards

խճապատկեր

jigsaw

կոմիքս

comic

Լեգո կուբիկներ

lego bricks

կառուցողական խաղալիքներ

building blocks

ակցիան գործիչ

action figure

մանկական բոդի

babygrow

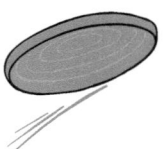

Frisbee

frisbee

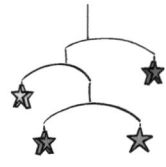

շարժական

mobile

խաղատախտակ

board game

զառախաղ

dice

գնացքների կազմ

model train set

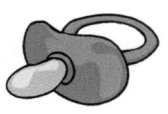

ծծակ

dummy

կուսակցություն

party

մանկական պատկերազարդ գիրք

picture book

գնդակ

ball

տիկնիկ

doll

խաղալ

play

ավազե խաղահրապարակի

sandpit

ռիթմ

swing

Խաղալիքներ

toys

վիդեո խաղ մխիթարել

video game console

եռանիվ հեծանիվ

tricycle

խաղալիք արջուկ

teddy bear

պահարան

wardrobe

հագուստ

clothing

կիսագուլպա

socks

գուլպա

stockings

զուգագուլպա

tights

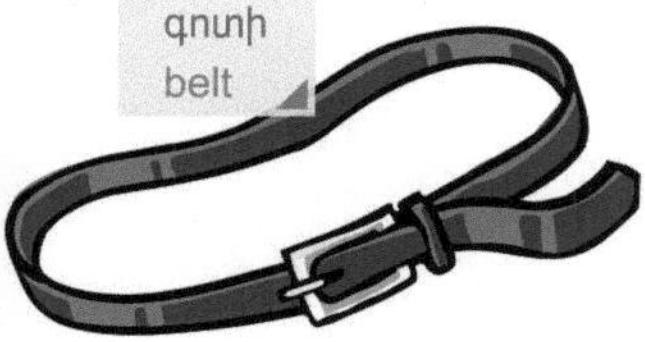

շարֆ
scarf

հովանոց
umbrella

չապիկ
t-shirt

գոտի
belt

կոշիկ
boots

հողաթափեր
slippers

սպորտային կոշիկներ
trainers

սանդալներ

sandals

կոշիկ

shoes

ռետինե կոշիկներ

rubber boots

վարտիք

underpants

կրծկալ

bra

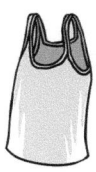

մայկա

vest

մարմին

body

անդրավարտիք

trousers

ջինս

jeans

կիսաշրջազգեստ

skirt

բլուզ

blouse

վերնաշապիկ

shirt

պուլովեր

pullover

սպորտային կուրտկա

hoodie

պիջակ

blazer

կուրտկա

jacket

վերարկու

coat

անձրևանոց

raincoat

կանացի կոստյում

costume

զգեստ

dress

հարսանյաց զգեստ

wedding dress

տղամարդու կոստյում

suit

գիշերանոց

nightgown

պիժամա

pyjamas

Սարի

sari

գլխաշորն

headscarf

չալմա

turban

չադրա

burqa

արևելյան խալաթ

kaftan

հաստ վերարկու

abaya

կանացի լողազգեստ

swimsuit

տղամարդու լողազգեստ

trunks

շորտ

shorts

սպորտային համազգեստ

tracksuit

գոգնոց

apron

ձեռնոցներ

gloves

կոճակ

button

ակնոց

glasses

ապարանջան

bracelet

վզնոց

necklace

մատանի

ring

ականջօղ

earring

գլխարկ

cap

կախիչ

coat hanger

գլխարկ

hat

փողկապ

tie

շղթա

zip

սաղավարտ

helmet

տաբատակալ

braces

դպրոցական համազգեստ

school uniform

համազգեստ

uniform

մանկական գոգնոց

bib

ծծակ

dummy

մանկական տակդիր

nappy

գրասենյակ

office

սերվեր
server
գրասենյակային
պահարան
filing cabinet
տպիչ
printer
թուղթ
paper
մոնիտոր
monitor
գրասեղան
desk
մկնիկ
mouse
թղթապանա
կ
folder
ստեղնաշար
keyboard
աղբարկղ
waste-paper basket
համակարգիչ
computer
աթոռ
chair

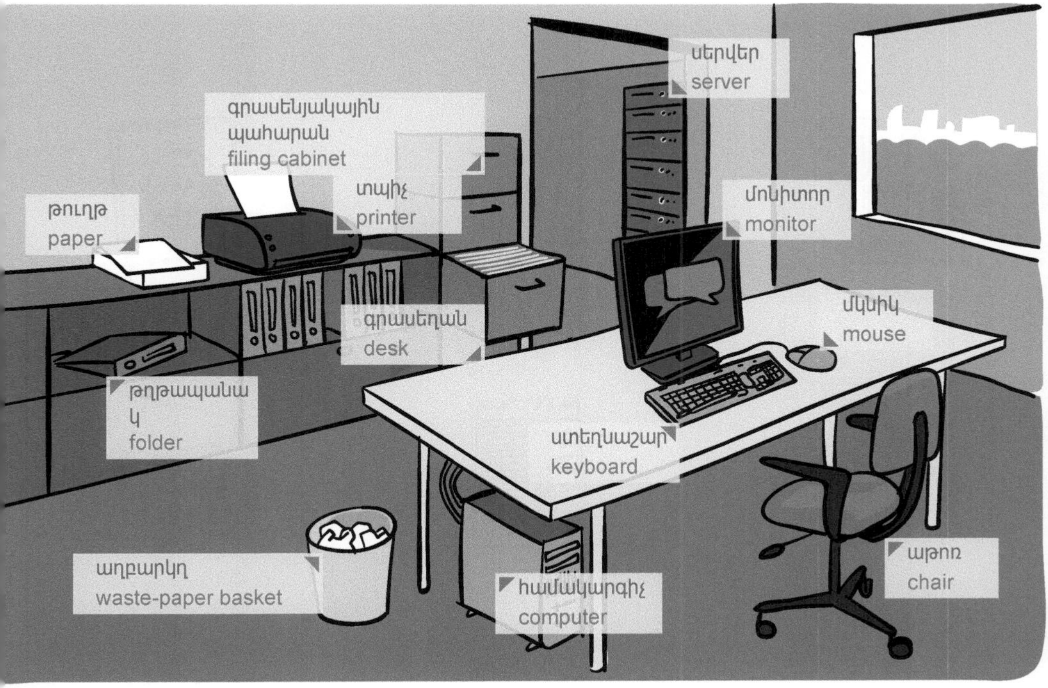

սուրճի գավաթ

coffee mug

հաշվիչ

calculator

ինտերնետ

internet

laptop

laptop

նամակ

letter

հաղորդագրություն

message

բջջային հեռախոս

mobile

ցանց

network

պատճենահանման սարք

photocopier

ծրագրային ապահովում

software

հեռախոս

telephone

վարդակ

plug socket

ֆաքսի մեքենա

fax machine

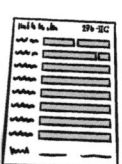

տեսակ

form

փաստաթուղթ

document

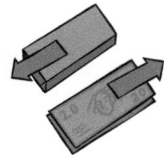

գնել

buy

վճարել

pay

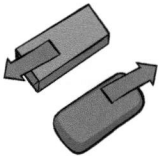

առեւտրի

trade

փող

money

USD

դոլար

dollar

EUR

եվրո

euro

JPY

իեն

yen

RUB

ռուբլի

rouble

CHF

շվեյցարական ֆրանկ

Swiss franc

CNY

յուան

renminbi yuan

INR

ռուպի

rupee

բանկոմատ

cashpoint

փոխանակման կետ

bureau de change

ոսկի

gold

արծաթ

silver

նավթ

oil

էներգիա

energy

գին

price

պայմանագիր

contract

հարկ

tax

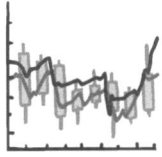

ակցիաներ

stock

աշխատանք

work

ծառայող

employee

գործատու

employer

գործարան

factory

խանութ

shop

մասնագիտություն
occupations

ոստիկան
police officer
հրշեջ
fireman
խոհարար
cook
բժիշկ
doctor
օդաչու
pilot

այգեպան

gardener

ատաղձագործ

carpenter

դերձակուհի

seamstress

դատավոր

judge

քիմիկոս

chemist

դերասան

actor

ավտոբուսի վարորդ

bus driver

տաքսու վարորդ

taxi driver

ձկնորս

fisherman

հավաքարար

cleaning lady

տանիքագործ

roofer

մատուցող

waiter

որսորդ

hunter

նկարիչ

painter

հացթուխ

baker

էլեկտրատեխնիկ

electrician

շինարար

builder

ինժեներ

engineer

մսագործ

butcher

ջրմուղագործ

plumber

փոստարար

postman

զինվոր

soldier

ճարտարապետ

architect

գանձապահ

cashier

ծաղկավաճառ

florist

վարսավիր

hairdresser

տոմսավաճառ

conductor

մեխանիկ

mechanic

կապիտան

captain

ատամնաբույժ

dentist

գիտնական

scientist

ռաբբի

rabbi

իմամ

imam

կուսակրոն

monk

հոգևորական

clergyman

գործիքներ
tools

մուրճ
hammer
տափակաբերան
աքցան
pliers
պտուտակահա
ն
screwdriver
դարձակ
spanner
լապտեր
torch

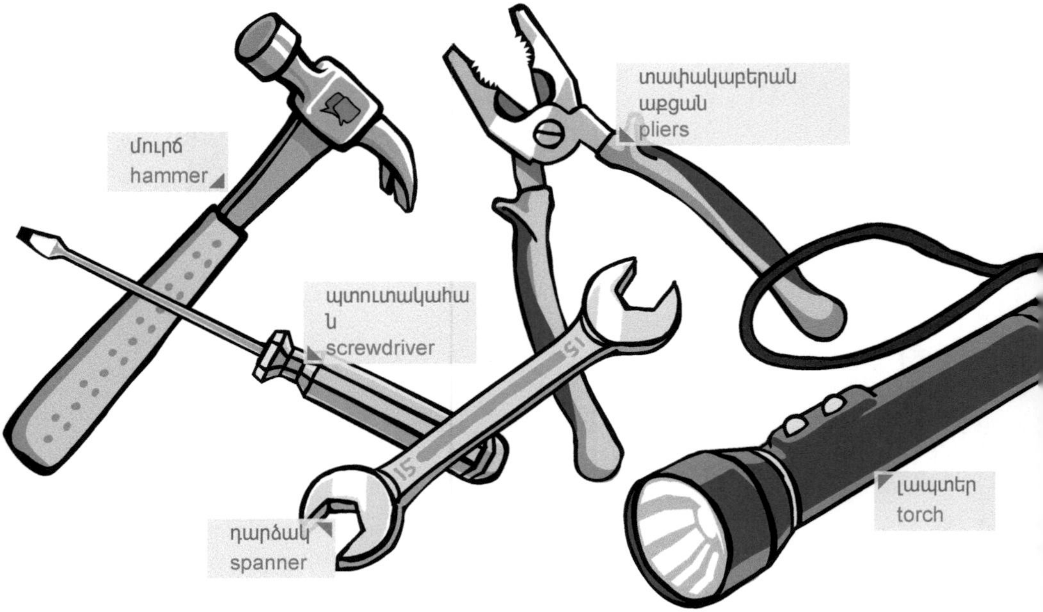

էքսկավատոր
digger

գործիքների տուփ
toolbox

սանդուղք
ladder

սղոց
saw

մեխեր
nails

գայլիկոն
drill

նորոգում
repair

բահ
shovel

գրողը տանի
Damn!

գոգաթիակ
dustpan

ներկաման
paint pot

պտուտակներ
screws

Երաժշտական գործիքներ
musical instruments

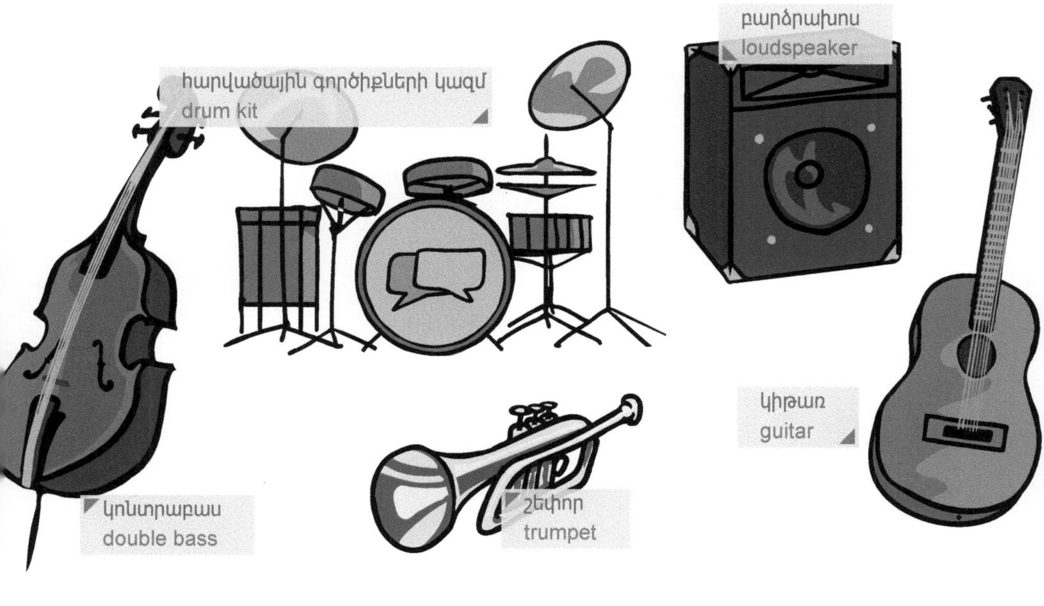

բարձրախոս
loudspeaker

հարվածային գործիքների կազմ
drum kit

կիթառ
guitar

կոնտրաբաս
double bass

շեփոր
trumpet

դաշնամուր

piano

ջութակ

violin

բաս

bass

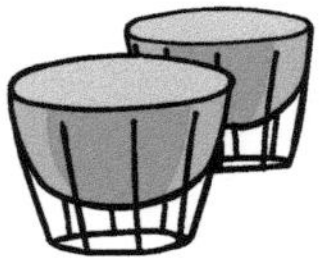

թմբուկներ

timpani

հարվածային գործիքներ

drums

ստեղնաշար

keyboard

սաքսոֆոն

saxophone

ֆլեյտա

flute

միկրոֆոն

microphone

կենդանաբանական այգի

zoo

մուտք
entrance
վագր
tiger
վանդակ
cage
զեբր
zebra
կենդանիների կերակուր
animal feed
պանդա
panda

կենդանիներ

animals

փիղ

elephant

կենգուրու

kangaroo

ռնգեղջյուր

rhino

գորիլա

gorilla

գորշ արջ

bear

ուղտ

camel

ջայլամ

ostrich

առյուծ

lion

կապիկ

monkey

ֆլամինգո

flamingo

թութակ

parrot

բևեռային արջ

polar bear

պինգվին

penguin

շնաձուկ

shark

սիրամարգ

peacock

օձ

snake

կոկորդիլոս

crocodile

կենդանաբանական այգու
աշխատող

zookeeper

փոկ

seal

յագուար

jaguar

պոնի
....
pony

ընձառյուծ
....
leopard

գետաձի
....
hippo

ընձուղտ
....
giraffe

արծիվ
....
eagle

վարազ
....
boar

ձուկ
....
fish

կրիա
....
turtle

ծովացուլ
....
walrus

աղվես
....
fox

վիթ
....
gazelle

սպորտներ

sports

ամերիկյան ֆուտբոլ
American football
հեծանվավազք
cycling
թենիս
tennis
բասկետբոլ
basketball
լող
swimming
բռնցքամարտ
boxing
հոկեյ
ice hockey

ֆուտբոլ

football

բադմինտոն

badminton

աթլետիկա

athletics

ձեռքի գնդակ

handball

դահուկային սպորտ

skiing

պոլո

polo

գործունեություն

activities

ծիծաղել
laugh
ցատկել
jump
գրկել
hug
քայլել
walk
երգել
sing
երազել
dream
աղոթել
pray
համբուրել
kiss

գրել

write

նկարել

draw

ցույց տալ

show

հրել

push

տալ

give

վերցնել

take

ունենալ

have

դեպի

do

լինել

be

կանգնել

stand

վազել

run

քաշել

pull

նետել

throw

ընկնել

fall

ստել

lie

սպասել

wait

կրել

carry

նստել

sit

հագնվել

get dressed

քնել

sleep

արթնանալ

wake up

նայել

look at

լացել

cry

շոյել

stroke

սանրվել

comb

խոսել

talk

հասկանալ

understand

հարցնել

ask

լսել

listen

խմել

drink

ուտել

eat

հարդարվել

tidy up

սիրել

love

խոհարար

cook

քշել

drive

թռչել

fly

գործունեություն - activities

լողալ

sail

հաշվել

calculate

կարդալ

read

սովորել

learn

աշխատանք

work

ամուսնանալ

marry

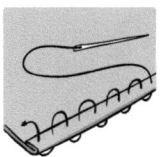

կարել

sew

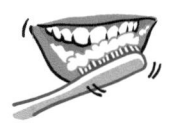

ատամները լվանալ

brush teeth

սպանել

kill

ծուխ

smoke

ուղարկել

send

տատիկ
grandmother
պապիկ
grandfather
հայր
father
մայր
mother
երեխա
baby
դուստր
daughter
որդի
son

հյուր
guest

հորաքույր
aunt

հորեղբայր
uncle

եղբայր
brother

քույր
sister

մարմին

body

ճակատ
forehead
աչք
eye
ուս
shoulder
մատ
finger
դեմք
face
կզակ
chin
hand
ոտք
leg
կուրծք
breast
թև
arm

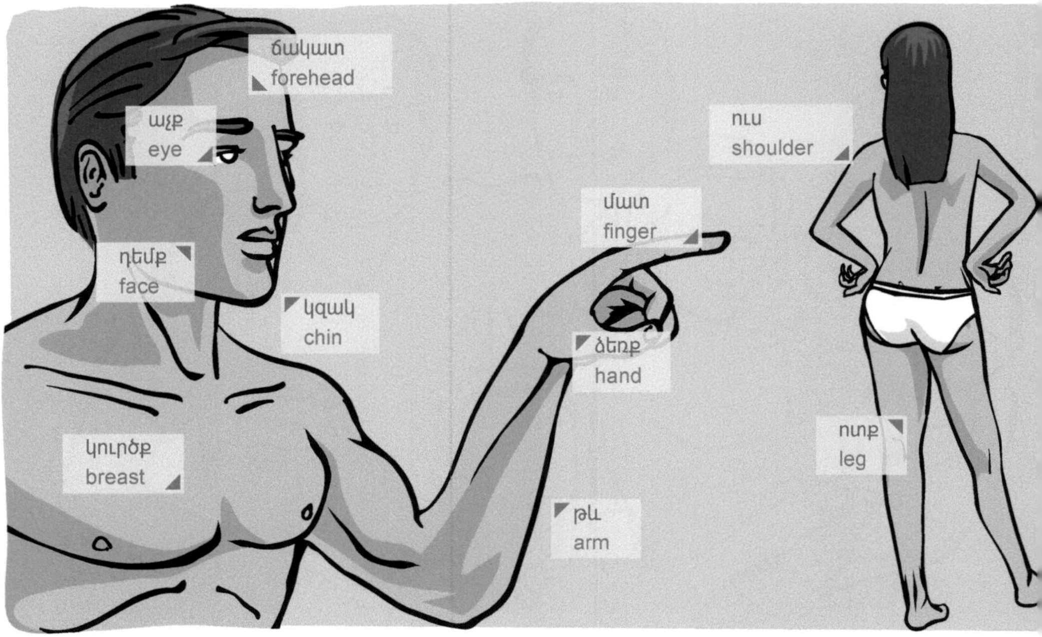

երեխա

baby

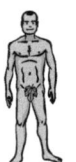

մարդ

man

կին

woman

աղջիկ

girl

տղա

boy

գլուխ

head

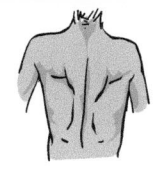

մեջք

back

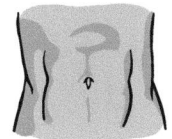

փոր

belly

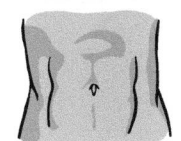

պորտ

belly button

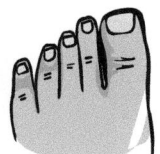

ոտնամատ

toe

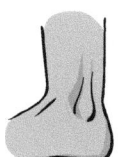

կրունկ

heel

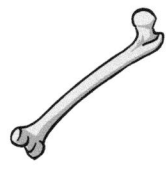

ոսկոր

bone

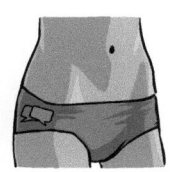

ազդր

hip

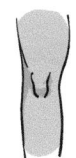

ծունկ

knee

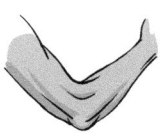

արմունկ

elbow

քիթ

nose

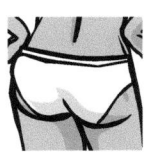

հետույք

bottom

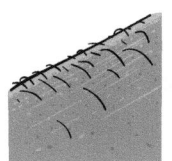

մաշկ

skin

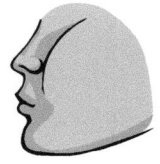

այտ

cheek

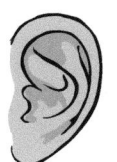

ականջ

ear

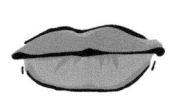

շրթունք

lip

բերան

mouth

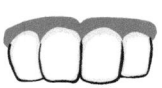

ատամ

tooth

լեզու

tongue

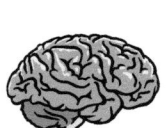

ուղեղ

brain

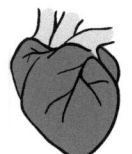

սիրտ

heart

մկան

muscle

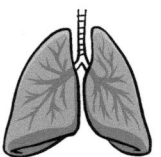

թոք

lung

լյարդ

liver

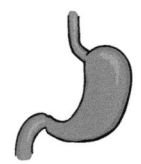

ստամոքս

stomach

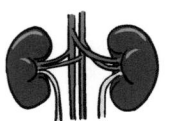

երիկամներ

kidneys

սեքս

sex

պահպանակներ

condom

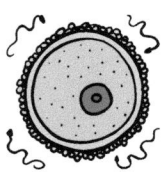

ձվաբջիջը

ovum

Սեմյոն

semen

հղիություն

pregnancy

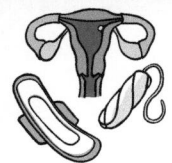

դաշտան

menstruation

հեշտոց

vagina

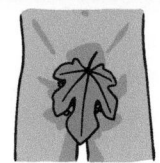

առնանդամ

penis

հոնք

eyebrow

մազ

hair

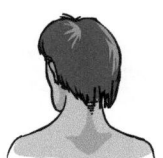

պարանոց

neck

մարմին - body

հիվանդանոց
hospital

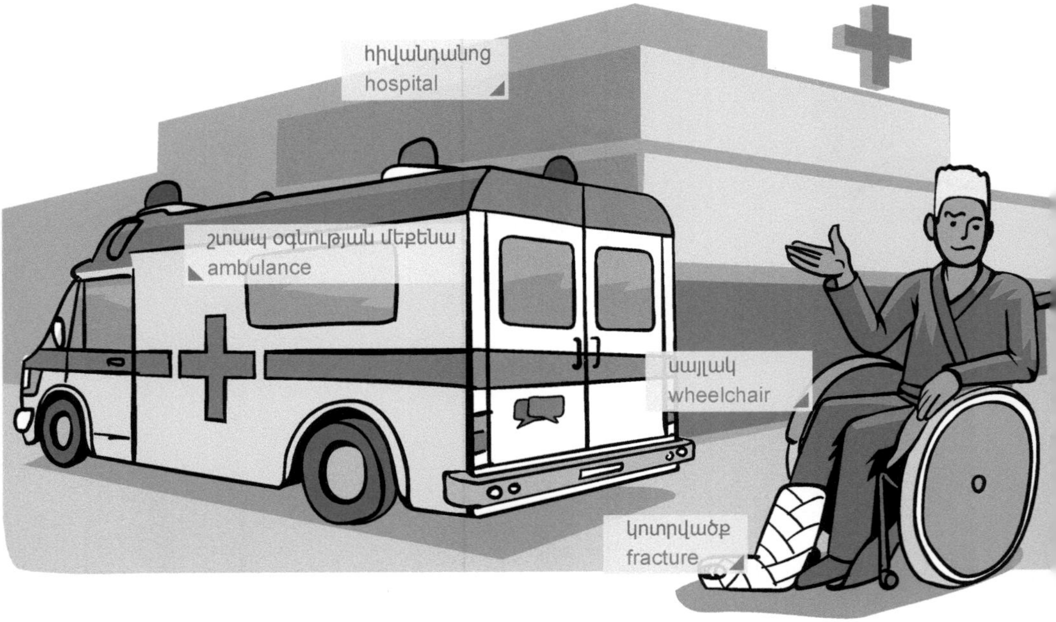

հիվանդանոց
hospital
շտապ օգնության մեքենա
ambulance
սայլակ
wheelchair
կոտրվածք
fracture

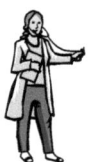

բժիշկ

doctor

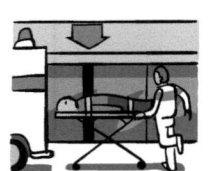

շտապ օգնության սենյակ

emergency room

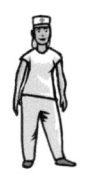

բուժքույր

nurse

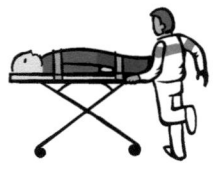

շտապ օգնություն

emergency

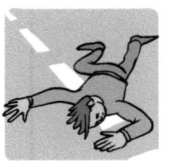

անգիտակից

unconscious

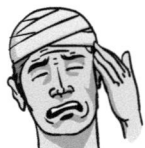

ցավ

pain

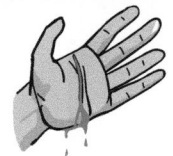

վնասվածք
injury

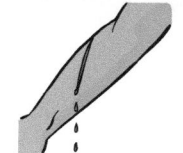

արյունահոսություն
bleeding

սրտի կաթված
heart attack

կաթված
stroke

ալերգիա
allergy

հազ
cough

տենդ
fever

գրիպ
flu

փորլուծություն
diarrhoea

գլխացավ
headache

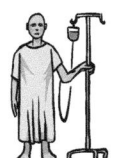

քաղցկեղ
cancer

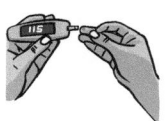

դիաբետ
diabetes

վիրաբույժ
surgeon

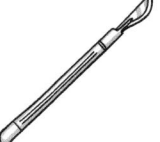

վիրադանակ
scalpel

վիրահատություն
operation

CT

CT

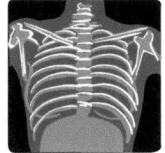

ռենտգեն

x-ray

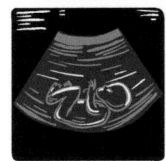

ուլտրաձայնային

ultrasound

դեմքի դիմակ

face mask

հիվանդություն

disease

սպասասրահ

waiting room

հենակ

crutch

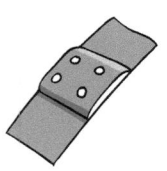

սպեղանի

plaster

վիրակապ

bandage

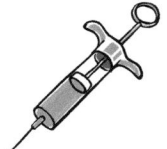

ներարկում

injection

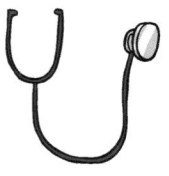

լսափողակ

stethoscope

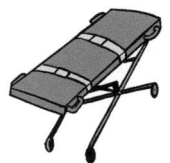

պատգարակ

stretcher

ջերմաչափ

clinical thermometer

ծնունդ

birth

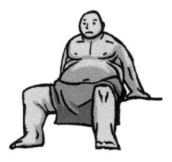

ավելաքաշ

overweight

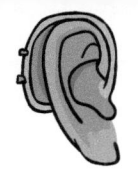

լսելով օգնության

hearing aid

ախտահանիչ

disinfectant

վարակ

infection

վիրուս

virus

ՄԻԱՎ / ՁԻԱՀ

HIV / AIDS

դեղորայք

medicine

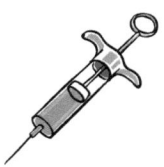

պատվաստում

vaccination

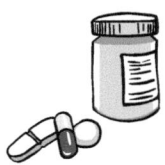

հաբեր

tablets

հաբ

pill

ահազանգ

emergency call

արյան ճնշման չափիչ սարք

blood pressure monitor

հիվանդ / առողջ

ill / healthy

Օգնություն!

Help!

տագնապի ազդանշան

alarm

հարձակում

assault

հարձակում

attack

վտանգ

danger

վթարային ելք

emergency exit

Հրդեհ

Fire!

կրակմարիչ

fire extinguisher

վթար

accident

առաջին օգնության դեղարկղ

first-aid kit

SOS

SOS

ոստիկանություն

police

Եվրոպա

Europe

Հյուսիսային Ամերիկա

North America

Հարավային Ամերիկա

South America

Աֆրիկա

Africa

Ասիա

Asia

Ավստրալիա

Australia

Ատլանտյան օվկիանոս

Atlantic

Խաղաղ օվկիանոս

Pacific

Հնդկական օվկիանոս

Indian Ocean

Հարավային Սառուցյալ
օվկիանոս

Antarctic Ocean

Հյուսիսային Սառուցյալ
օվկիանոս

Arctic Ocean

հյուսիսային բևեռ

North Pole

հարավային բևեռ
South Pole

Անտարկտիդա
Antarctica

երկիր
Earth

ցամաք
land

ծով
sea

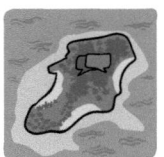

կղզի
island

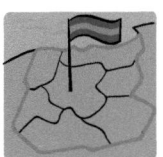

ազգ
nation

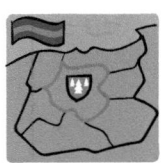

պետական
state

ժամացույց
clock

թվատախտակ

clock face

ժամի սլաք

hour hand

րոպեի սլաք

minute hand

վայրկյանի սլաք

second hand

Ժամը քանիսն է?

What time is it?

օր

day

այսպիսով

time

այժմ

now

թվային ժամացույց

digital watch

րոպե

minute

ժամ

hour

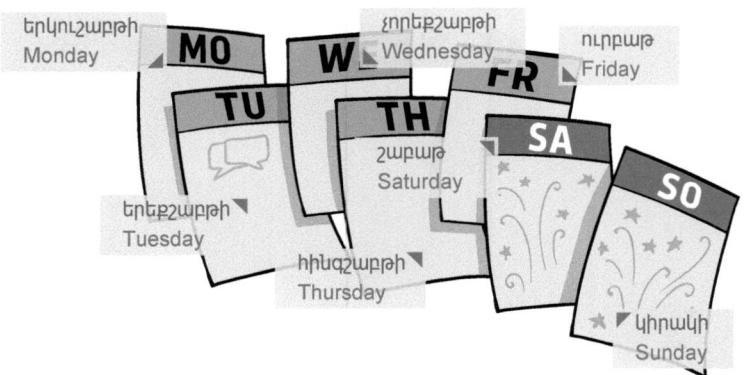

շաբաթ

week

երկուշաբթի
Monday
MO
TU
W
չորեքշաբթի
Wednesday
TH
FR
ուրբաթ
Friday
SA
Saturday
երեքշաբթի
Tuesday
հինգշաբթի
Thursday
կիրակի
Sunday

TUE
MON

այսօր

yesterday

TUE

այսօր

today

TUE

վաղը

tomorrow

առավոտ

morning

կեսօր

noon

երեկո

evening

աշխատանքային օրեր

business days

շաբաթվա վերջ

weekend

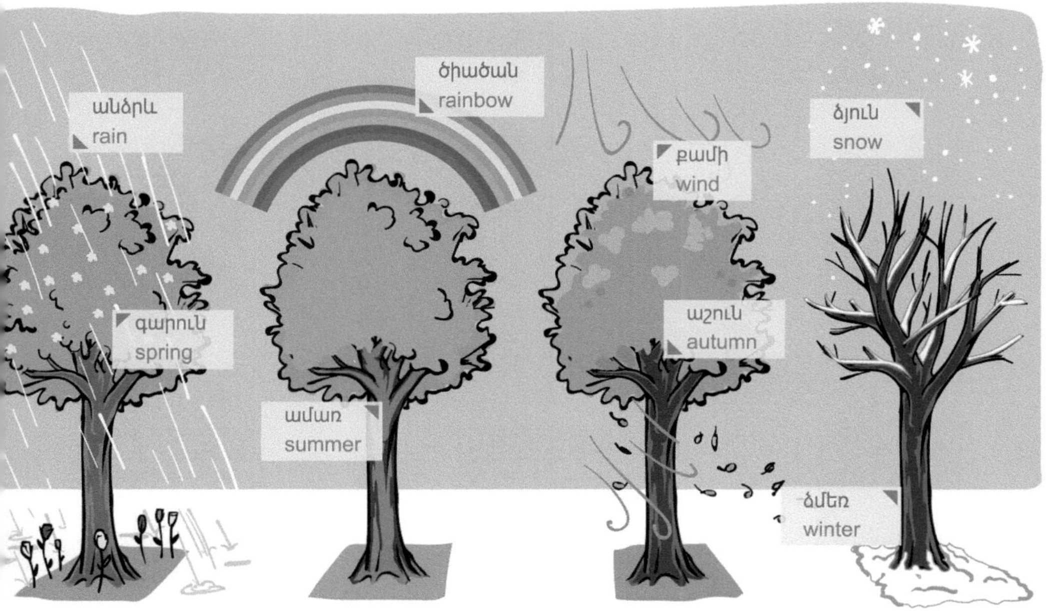

անձրև
rain
ծիածան
rainbow
քամի
wind
ձյուն
snow
գարուն
spring
ամառ
summer
աշուն
autumn
ձմեռ
winter

4.APRIL 11°
5.APRIL 4°
6.APRIL 13°
7.APRIL 8°
8.APRIL 10°

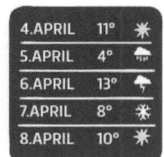

եղանակի տեսություն

weather forecast

F
C
120
90
60
30
0
-30
40
30
20
10
0
-10
-20

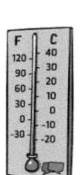

ջերմաչափ

thermometer

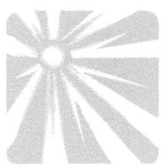

արևի լույս

sunshine

ամպ

cloud

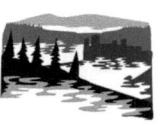

մառախուղ

fog

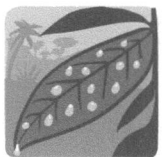

խոնավություն

humidity

կայծակ

lightning

որոտ

thunder

փոթորիկ

storm

կարկուտ

hail

մուսոն

monsoon

ջրհեղեղ

flood

սառույց

ice

հունվար

January

փետրվար

February

մարտ

March

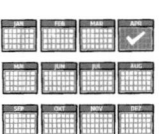

ապրիլ

April

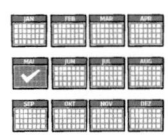

մայիս

May

հունիս

June

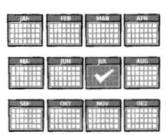

հուլիս

July

օգոստոս

August

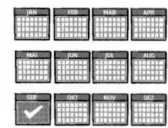

սեպտեմբեր

September

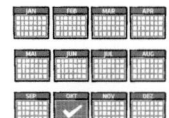

հոկտեմբեր

October

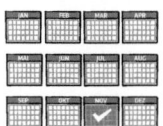

նոյեմբեր

November

դեկտեմբեր

December

ձեւավորում

shapes

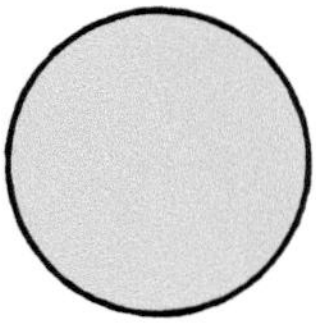

շրջան

circle

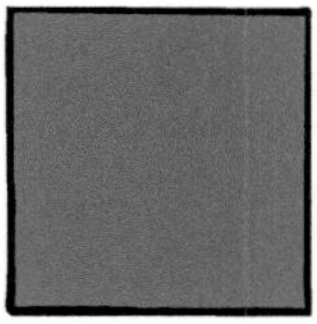

քառակուսի

square

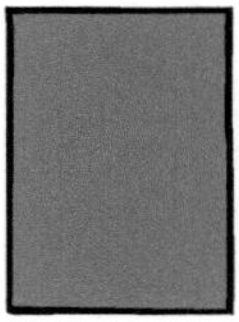

ուղղանկյունի

rectangle

եռանկյունի

triangle

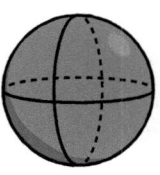

ասպարեզ

sphere

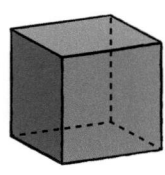

խորանարդ

cube

գույներ

colours

վարդագույն

white

մոխրագույն

yellow

դեղին

orange

մանուշակագույն

pink

կարմիր

red

շագանակագույն

purple

կապույտ

blue

սև

green

նարնջագույն

brown

սպիտակ

grey

կանաչ

black

հակադիրներ
opposites

շատ / քիչ

a lot / a little

բարկացած / հանգիստ

angry / calm

գեղեցիկ / տգեղ

beautiful / ugly

սկսած / վերջը

beginning / end

մեծ / փոքր

big / small

պայծառ / մութ

bright / dark

եղբայրը / քույրը

brother / sister

մաքուր / կեղտոտ

clean / dirty

ամբողջական / թերի

complete / incomplete

օր / գիշեր

day / night

մեռած / կենդանի

dead / alive

լայն / նեղ

wide / narrow

ուտելի / անուտելի

edible / inedible

չար / բարի

evil / kind

հուզված / ձանձրացրել

excited / bored

հաստ / բարակ

fat / thin

առաջին / վերջին

first / last

ընկերը / թշնամին

friend / enemy

լիքը / դատարկ

full / empty

կոշտ / փափուկ

hard / soft

ծանր / թեթև

heavy / light

քաղց / ծարավ

hunger / thirst

հիվանդ / առողջ

ill / healthy

անօրինական է / իրավաբանական

illegal / legal

Խելացի / հիմարություն

intelligent / stupid

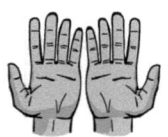

ձախ / աջ

left / right

մոտիկ / հեռու

near / far

Նոր / օգտագործվում

new / used

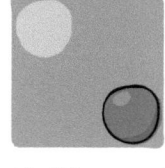

ոչինչ / ինչ - որ բան

nothing / something

ծեր / երիտասարդ

old / young

միացում անջատում

on / off

բաց / փակ

open / closed

ցածր / բարձր

quiet / loud

հարուստ / աղքատ

rich / poor

ճիշտ / սխալ

right / wrong

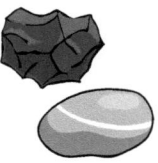

անհարթ / հարթ

rough / smooth

տխուր / ուրախ

sad / happy

կարճ / երկար

short / long

դանդաղ / արագ

slow / fast

թաց / չոր

wet / dry

տաք / թույն

warm / cool

պատերազմ / խաղաղությունը

war / peace

թվեր
numbers

0	**1**	**2**
զրո	մեկ	երկու
zero	one	two
3	**4**	**5**
երեք	չորս	հինգ
three	four	five
6	**7**	**8**
վեց	յոթ	ութ
six	seven	eight
9	**10**	**11**
ինը	տաս	տասնմեկ
nine	ten	eleven

12

տասներկու
twelve

13

տասներեք
thirteen

14

տասնչորս
fourteen

15

տասնհինգ
fifteen

16

տասնվեց
sixteen

17

տասնյոթ
seventeen

18

տասնութ
eighteen

19

տասնինը
nineteen

20

քսան
twenty

100

հարյուր
hundred

1.000

հազար
thousand

1.000.000

միլիոն
million

լեզուներ
languages

անգլերեն

English

ամերիկյան անգլերեն

American English

չինարեն մանդարին

Chinese Mandarin

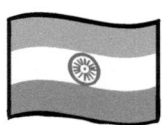

հինդի

Hindi

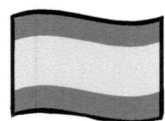

իսպաներեն

Spanish

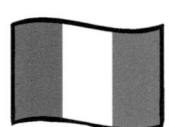

ֆրանսերեն

French

արաբերեն

Arabic

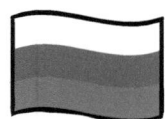

ռուսերեն

Russian

պորտուգալերեն

Portuguese

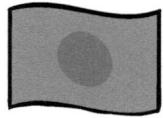

բենգալերեն

Bengali

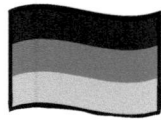

գերմաներեն

German

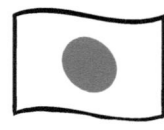

ճապոներեն

Japanese

Ով է /, թե ինչ է /, ինչպես
who / what / how

ես

I

դուք

you

Նա / նա /, որ դա

he / she / it

մենք

we

դուք

you

նրանք

they

Ով է?

who?

ինչ?

what?

ինչպես?

how?

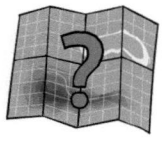

որտեղ.

where?

երբ?

when?

անուն

name

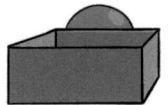

որտեղ
where

ետևում

behind

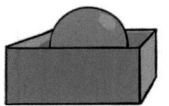

մեջ

in

դիմաց

in front of

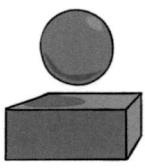

վրա

over

վրա

on

տակ

under

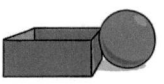

կողքին

beside

միջեւ

between

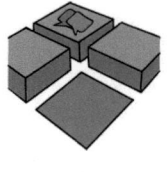

տեղ

place